AF234232

LE
CORRECTEUR
DES BOUFFONS
A
L'ECOLIER
DE PRAGUE.

LE
CORRECTEUR
DES BOUFFONS
A
L'ECOLIER
DE PRAGUE.

VOUS avez lû sans doute, mon cher petit Ecolier, que le Ciel se sert quelquefois des simples & des ignorans pour annoncer de grandes calamités; c'est sur ce fondement que votre Prophéte, *qui n'en est pas un*, vous a dicté ses Prophêties, pour les faire passer jusqu'à nous.

J'ai parcouru la premiere Edition de votre petit Ouvrage que j'avois condamné à l'oubli, lorsqu'à mon grand étonnement un Colporteur m'en a présenté une seconde. J'ai vû alors avec

A ij

douleur combien le Fanatiſme en toutes choſes peut troubler l'eſprit humain, combien le faux goût, à l'aide de la mode, peut aveugler pour un tems, la Nation la plus polie, la plus ſpirituelle, & peut-être la plus aimable de l'Europe, même de l'aveu des autres ; c'eſt une fauſſe lumiere qui l'égare ; mais pour peu qu'on lui montre la bonne route, je l'ai dit ailleurs, elle ſe laiſſe ramener ſans réſiſtance de l'erreur au ſanctuaire de la vé- rité.

Un Auteur mort à Arras, ſuivant ſa Lettre à l'Abbé des Fontaines, à qui il avoit adreſſé des Vers de ſa façon, & reſſuſcité quelque-tems après à Paris, nous avoit ménacé par la traduction du Théatre Anglois de faire bientôt évanouir les Chefs-d'Oeuvres des Corneille, des Racine, des Crébillon & des Molliere ; cet Auteur depuis ſa réſurrection nous a voulu donner * une Piéce de ce Théatre ſur le nôtre avec une Harangue à la premiere repréſentation qui lui captiva le Pu- blic ; *car le Public ne hait pas les Harangues*, ſur- tout lorſqu'elles ſont faites avec ſoumiſſion Cette Piéce eut un grand ſuccès. Un homme de Lettres auſſi confus qu'étonné de cet événement tâcha de rappeller à ce Public dans une Lettre adreſſée à M. de Fontenelles, qu'il avoit déja le même ſujet triaté ſous des Perſonnages nobles, dans une ** Tragédie bien faite ; on voulut la revoir, on la remit, avec cette différence ſeulement, qu'un jeune Acteur plein de talens & d'entrailles fut ſubſtitué

---

* Veniſe ſauvée.
** Manlius.

à la place d'un autre très froid , & la Piéce eſt
reſtée au Théatre , & en a banni entiérement la
traduction Angloiſe qui , j'eſpere , n'y reparoîtra
plus , *car je l'avois prédit.*

Un jeune Poëte enflé du ſuccès de ſa premiere
Tragédie , ſe permit dans ſa *** ſeconde des
écarts prodigieux qui ſurent applaudis ridicule-
ment. Le même homme de Lettres , en bon Ci-
toyen , en fit une Critique polie & moderée , par
laquelle , en rendant juſtice à ſes talens , il lui im-
poſoit différentes conditions pour devenir un
grand Tragique. Le jeune Auteur n'en a rempli
aucune ; auſſi a-t'il toujours été en décadence ,
malgré ſes Obſervatious ſur la Tragédie. Le Public a rougi de ſes applaudiſſemens , & la Piéce
n'a plus été redonnée ; *car je l'avois encore prédit.*

Je pourrois citer d'autres Phénomènes pareils
de nos jours ; mais c'eſt au tems à nous les éclair-
cir. Ces deux exemples me ſuffiſent pour montrer que la Raiſon & le bon Goût ſont toujours
ſûrs à la fin de triompher de notre frivolité paſſa-
gere ; mais pour en venir par degrés à notre objet
principal, diſons un mot de la fameuſe querelle qui
agite Paris au ſujet de la Muſique Françoiſe , &
de la Muſique Italienne.

Cette ridicule diſtinction eſt toujours nouvelle
pour moi. Ne ſemble-t'il pas en effet qu'on rende
ces deux ſortes de Muſique avec des Notes ou
avec des Sons différens ? Se peut-il que les Phi-
loſophes qui prennent part à la diſpute n'ayent
pas ſongé à définir avant de diſtinguer ? il y a dans

*** Aviſtoniéne.

l'une & dans l'autre du vif, du tendre, du léger;
ce qui feroit très - bien fur tels ou tels Vers Italiens feroit peut-être très-mal fur ces mêmes Vers
traduits en François, c'eft-à-dire, que la Mufique dépend non feulement des fentimens & des
images qu'elle veut peindre, mais même des
mots & des fillabes qu'elle exprime ; elle doit être
en tout & par tout la très-humble fervante de la
Poëfie. La nôtre plus noble & plus majeftueufe
enfante une Mufique plus lente & plus anologue
à fon caractére ; la Poëfie Italienne plus coupée
produit une Mufique un peu plus vive qui fautille
d'avantage ; & comme fes petits mots fe termi-
nent prefque tous par des voyelles , fes Muficiens
s'égayent fur les A. E. I. O. U. jufqu'à nous faire
périr d'ennui quelquefois. Cela eft fi vrai que ce
Florentin, que vous traités avec tant de mépris ,
tout Italien qu'il étoit, avoit fenti qu'il falloit un
autre caractére de Mufique à la Poëfie Françoife.
C'eft de fon génie créateur que font fortis tous ces
morceaux de chant inimitables qu'on trouve dans
Armide, Amadis, Thefée, Roland , Atis, c'eft
d'après lui que fe font formés les Campra , les
Mouret, les Deftouches, que nous avons vû
l'Europe Galante, les Fêtes Vénitiennes & Tancrede, que j'aurois dû mettre le premier, ce chef-
d'Oeuvre Lyrique tant pour la Mufique que pour
les paroles, malgré la Satyre mal adroite d'un
très-bel efprit, à qui le fouvenir du Temple de la
Gloire devroit impofer filence toutes les fois qu'il
eft queftion d'Opéra.

Arrivés enfin au faite du bonheur par les foins &
les travaux affidus de ces deux hommes incompa-

rables qu'on nommoit Quinault & Lulli, & de leurs succeſſeurs, nous jouïſſions : notre Opéra étoit devenu le plus beau Spectacle de l'Univers ; la magnificence & la protection de nos Rois n'y avoit pas peu contribué. C'eſt dans cet état floriſſant que votre grand homme l'a trouvé, & c'eſt lui qui l'a perdu.

A ce mot je vous entends, vous criez ô blaſphême ! mon cher petit Ecolier ; mais il n'eſt que trop vrai, redites-le bien à votre Prophête de ma part. Ce n'étoit point aſſez de meubler le cerveau de ſon Muſicien de doubles & de triples Croches, de Bécares & de Bémols ſans nombre, il falloit en ordonner la diſtribution, il ne ſuffit pas de mettre le Ciel en haut, & la Terre en bas, il lui falloit inſpirer cette douce mélodie qui fait le charme de nos ſens, & lui former le goût, lui expliquer en un mot le ſens des paroles qu'il met en Muſique, & que la moitié du tems il n'entend point ; alors il eût cherché plûtôt à nous affecter voluptueuſement, comme il l'a fait par hazard quelquefois, qu'à nous étourdir par un fracas ſouvent inutile. Voulant ſans ceſſe briller, ſa Muſique qui régne toujours dans le haut, a perdu la voix de nos ſujets ; les le Maure, les Peliſſier, les Petitpas ſe ſont retirées dix ans plûtôt qu'elles n'auroient fait. Votre ſerviteur Jélyole, ce Chanteur unique, *ce cher Enchanteur*, comme l'appelle Zirphé, qui donne à tout ce qu'il chante un nouveau prix, une nouvelle grace, qui, nouveau Protée, prend mille formes différentes, & n'en prend jamais que d'aimables, cet homme tout divin ne ſeroit pas à la veille d'exciter nos regrets. Votre ſervante Fel

A iiij

& Mlle Coupé, deux des plus jolies Chanteuses du second ordre, (pardonnez si je ne trouve pas à la premiere cette belle & grande voix, que votre Prophête dit lui avoir donnée) ces deux Chanteuses, dis-je, se seroient soutenues plus long-tems, & la Scène ne seroit pas perdue entiérement à *l'Académie Royale de Musique qui en seroit une.*

Votre grand homme à qui le Prophête n'a inspiré que des airs de Violon, reconnoissant bien son incapacité pour la partie du chant & du récitatif a négligé la Tragédie ; les autres Musiciens, à son exemple, ont fait de même ; insensiblement on a perdu l'habitude d'en jouer & d'en voir à l'Opéra ; les Poëtes même se sont rebutés, votre Prophête Allemand, qui sans doute a peu de goût pour les Poëmes François, parce qu'il n'est pas en état d'en juger, a inspiré au grand homme une singuliere indifférence sur les paroles, & celui-ci nous l'a marquée par le Poëte qu'il s'est attaché, ma'gré les cris du Public qui le poursuit mort comme vivant.

Voilà, mon cher Ecolier, le Tableau de nos miséres, dont votre grand homme est en partie cause, c'est donc lui qui a jetté la premiere semence de ce qu'on appelle ici la Musique Italienne, ou autrement dit la Musique sçavante. Tout le monde a voulu être Sçavant ou le paroître : l'amour propre a fait plus de Prosélites que le bon Goût ; on n'a plus fait que fredonner ; on a mis à la mode les petits sons jettés ; & sur-tout les points d'Orgue. Plus les traits de chant ont paru extraordinaires, plus la Chanteuse a mérité d'éloges.

Mais à propos, je voudrois bien que vos Philo-

ſophes du Coin de la Reine (car c'eſt à eux à qui
j'en veux principalement) eux qui ont lû dans Ariſ-
tote que les Arts ſont une imitation de la Nature,
qu'ils me diſſent de bonne foi ce qu'on veut peindre
par un point d'Orgue. Ne ſeroit-ce pas un yvro-
gne qui, foible ſur ſes jambes, vacile, bat les
murs, va, vient, gliſſe juſqu'à terre, ſe releve, &
tombe enfin pour être applaudi.

Se peut-il que nous ayons oublié ce vieux Pro-
verbe, dont autrefois nous tirions tant de vanité,
car les Proverbes ſont quelquefois vrais, SOLUS GAL-
LUS CANTAT. Non, nous ne chantons plus ; on
n'entend plus que des tours de force ; on ne nous
remue plus que par des ſecouſſes déſagréable, on
nous étonne par fois, & l'on ne nous charme preſque jamais ; rien n'eſt égal à la fureur de tout Ita-
lianiſer & dans la compoſition, & dans l'Art du
Chant.

De toutes les Langues de l'Europe, l'Italienne
& la Françoiſe ſont preſque les ſeules qu'on puiſſe
noter, & ſi l'on veut la Langue Turque par ſon
extrême douceur, & parce qu'elle s'articule net-
tement comme les deux autres ; l'Allemand & tous
les idiômes qui en dérivent à cauſe du prodigieux
aſſemblage de conſonnes dont il eſt compoſé ; l'Anglois par ſon ſiſſlement qui le fait bredouiller ;
l'Epagnol à cauſe de ſa gravité & de ſa prodi-
gieuſe lenteur, n'en ſont pas ſuſceptibles.

L'Italie donc ayant poſſedé les Arts avant nous,
ſes Artiſtes ſe ſont répandus par-tout, ils ont été
comme les Marchands de Muſique, de Mythri-
date, de Pantalons, d'Arlequins & de Bouſſons,
les plus fameux à la ſuite des Rois, les autres

que le besoin ou l'intérêt seuls conduisoient, sur
des traiteaux dans des Places publiques : ils ont
tous la voix un peu aigre, sur-tout les hommes :
que cela provienne du climat ou de la conforma-
tion des organes, ou bien des efforts réitérés que
leur occasionne l'exécution d'une Musique bisarre
dans les fibres du gosier qui se tendent & se déten-
dent avec trop de violence, & de précipitation :
ils ont donc remédié , comme on sçait à ce défaut
naturel par un expédient barbare , qui fait rougir
la nature.

Ce peuple qu'on appelle avantageux , & qui
ne l'est peut-être pas tant que votre Prophête , a
osé secouer le joug & rejetté les secours de l'Italie. Oui : la France toute seule a pu se suffire à
elle-même : son sol & l'industrie de ses Habitans la
mettoient en état déja de se passer de l'Europe
pour les besoins ordinaires de la vie ; de même
elle a trouvé dans son sein des Poëtes, des Musiciens des Acteurs , des Danseurs & des Machinistes , pour monter ses Spectacles , & surpasser ses
voisins. Hélas ! cette gloire a dégénéré , soit par
un peu de négligence dans l'administration inté-
rieure du Théatre Lyrique , mais sur-tout à l'arri-
vée du grand homme , je le répéte (car j'aime
aussi à me répéter comme le Prophête) vos beaux
Esprits du coin de la Reine n'ont eu qu'un cri
après ses Opéra ; peut-être même que la plus
grande partie d'entr'eux avoient de bonnes rai-
sons pour les souhaiter. Vos Barons & vos lourds
Agrégés ne pensoient pas que d'environ douze
ou quatorze qu'il en a donnés , à peine y en a-
t'il trois ou quatre qui puissent tenir le Théatre .

& que ce petit nombre ne suffit pas pour en-
tretenir l'Opéra. On a donc eu raison de se mé-
nager toujours les Anciens, dont le fonds est iné-
puisable.

Mais cette fureur pour le grand homme s'est
réveillée encore davantage, lorsque votre Servi-
teur Manelli a paru, à cause de la prétendue con-
formité de Musique. Cet Italien qui *n'avoit pas de
pain à manger & de l'eau à boire*, & qui méritoit
de mourir de faim & de soif, s'est joint à quel-
ques autres polissons comme lui, & ces Bouffons
qui ne sont point Bouffons faits pour amuser la Popu-
lace en Italie au coin des rues, sont venus sur
le premier Théatre du Monde représenter des
Opera Comiques, *qui ne sont point comiques*. La
Cabale formée une fois, les trésors de la Finance
se sont ouverts, on a défrayé les Conspirateurs
& l'on a vu tels jours où ces foibles cohortes faisoient du bruit pour quatre mille francs, tandis
qu'il n'y avoit pas pour cinq cens francs de recette.

On a fait plus ; un homme de talent est sorti
du sein de l'Orchestre avec un Opera ; c'étoit
son premier Ouvrage, il eut fallu l'encourager ;
huit jours après, on a eu la cruauté de le muti-
ler & de substituer à la place d'un de ses Actes
un méchant Interméde. Un autre Musicien de
la plus grande réputation, se présente ensuite
avec un Opera nouveau, il ne sçauroit souffrir
qu'on l'associe à des Bateleurs, on l'applaudit
comme il le mérite ; La Séquelle frénétique ne
dit mot ; mais que fait-elle ? Enragée du succès,
elle se divise par pelotons, se répand de tous
côtés & glisse sourdement son venin ; les plus

acredités vont dans les maisons pour consom-
mer le noir projet formé dès six semaines aupara-
vant de le culbuter, ou sans doute pour opérer
l'accomplissement d'une des prophéties dans laquelle il est ordonné au grand homme qui est le
précurseur de Manelli, de chasser de notre Opéra, tous les autres Musiciens, les Danseurs &
les Machinistes.

Oh! je vous déclare moi, que si mon avis
étoit suivi, Messieurs les Bouffonistes, vous
auriez du Pergoleze & de la Musique Italienne, jusqu'à en prendre une indigestion ;
mais j'obligerois vos plats Bouffons de rem-
plir toute la durée du Spectacle, un jour de la
semaine ; vous auriez & rien de plus l'Orchestre
& la Salle à votre disposition, & je vous pro-
teste qu'avant peu vous vous y trouveriez au
large ; pas le plus petit fragment de Musique
Françoise ; pas le moindre Danseur, ni la der-
niere des Sauteuses qui, selon vous, ne font
qu'embarrasser la Scène ; & en effet si cette Musique est si divine, qu'a-t-elle besoin d'ornemens
étrangers ?

Il vous sera libre au reste de venir les autres
jours décrier nos Opera ; nous y goûterons à
vos yeux le plaisir de l'illusion que produit un
Méchanisme admirable, & l'assemblage de tous
les Arts, au lieu d'en exclure, comme votre Prophête l'entend, ce merveilleux qui fait jouer
tant de ressorts, & frappe si agréablement notre admiration.

A l'égard des Merope, des Andromaque &
des Didon qu'on nous promet à l'Opéra, nous

les avons au Fauxbourg S. Germain, où tout im=
parfaitement qu'elles sont jouées, elles le sont encore beaucoup mieux qu'elles ne le seront jamais à Vienne, en dépit de l'Oracle du Prophête
qui n'est pas si sûr que celui de Calcas ; ainsi,
qu'on nous laisse nos Dieux , nos Démons , nos
Fées , nos Magiciens & toute la famille de l'O-
limpe & du Ténare.

Pour votre récitatif , je vous en conjure , épar-
gnez-le nous, à moins que vous ne vouliez me
condamner , moi & toute ma pauvre Nation au
dernier supplice. Nous ne sçaurions souffrir une
déclamation trop cadensée par une Actrice pré-
cieuse & affectée qui crie son rolle au lieu de le
jouer , comment voudriez-vous nous faire sup-
porter une déclamation notée , qui ne va que par
de faux éclats & des soubresauts ridicules ? Votre Prophête a-t-il oublié que les Italiens même
dont les loges sont de petits Appartemens fort
propres , pendant qu'on le chante , reprennent
leurs jeux , suivent leurs conversations , font l'a-
mour , ou s'endorment ; & qu'ils ne sçauroient s'y
accoutumer. De grace , que chacun garde ses
défauts. Notre récitatif exprime bien nos paroles ; quand le Musicien pour les entendre est
doué du sens commun , ce qui n'est pas commun ; la belle Scène d'Atis, celle de Thétis &
Pelée, l'inimitable reconnoissance d'Iphigénie ,
toutes les Scènes de Tancrede & tant d'autres
en font la preuve.

Quant à notre monotonie que le Prophête
nous reproche avec dureté (car c'est-là son che-
val de bataille ,) ou n'y en a-t-il pas ? Cette Mu-

fique Italienne que vous trouvez ſi ſublime à la ſienne auſſi ; elle n'eſt pas ſentie par les beaux eſprits du coin de la Reine , parce que c'eſt une nouveauté qui frappe leurs oreilles , & que d'ailleurs le fracas & le chic choq continuel la déguiſent ; mais quand ils en auront été rebatus comme moi en Italie & en France , pendant quinze ou dix-huit ans, ils ſeront en état d'en découvrir les plagiats & les reminiſcences. Tous les Ouvrages de l'Art ſont monotones ; il n'y a que la Nature qui eſt toujours nouvelle ſans ceſſer d'être la même: mais puiſque nous en ſommes ſur la monotonie, vous nous promettez de la part du Prophête des Chef-d'œuvres auſſi parfaits que le Devin du Village, ſi nous ſommes dociles à ſes leçons, quelle récompenſe. Je crains bien que vous n'ayez été ſeduit, mon cher petit Ecolier , par les agrémens enchanteurs que *le divin* Jeliote & *la Servante* Fel ont ajoûtés à ce petit Acte ; c'eſt cependant une niaiſerie dont l'Auteur doit être content. Il y a un très-grand mérite , je l'avoue , d'avoir fait à la fois les paroles & la Muſique de cette Paſtorale. C'étoit juſqu'à préſent un Phénoméne inconnu parmi nous ; mais je crois qu'il y en auroit très-peu à faire l'un ou l'autre ſéparément ; c'eſt-à-dire qu'on n'en pourroit pas tirer plus de vanité que d'avoir fait éclore *l'Amant de lui-même.* Il n'eſt pas étonnant au ſurplus que les Arts & les Sciences ayent ſi mal ſervi ce Philoſophe , après tout le mal qu'il en a dit ; mais ſi ce n'eſt que des préſens de cette eſpéce , que nous prépare la clemence du Prophête ; qu'on nous laiſſe dans notre diſette , nous la préférons à votre abondance.

Enfin vous nous impofez comme un fuppli-
ce d'aller rire foixante - dix fois de fuite à Arlequin & Scapin voleurs par amour; on ne vît jamais de Prophête de plus mauvaife humeur ; vous
n'épargnez perfonne. Hé que vous a fait ce pauvre Arlequin pour être l'objet de votre colére ?
N'auriez-vous pas dû lui pardonner en faveur
de fa Patrie ? Lorfqu'il promet de nous faire rire
il tient parole, il eft comique fans être Bouffon,
& vos Bouffons ne font ni Bouffons ni comiques :
D'ailleurs fçachez mon petit Ecolier, car je vous
confonds quelquefois avec votre Maître, que la
Scène du premier Acte où Arlequin veut perfua-
der à Scapin que fon Maître l'a chaffé pour lui
avoir prêté 25 Louis d'Or, tandis qu'il les lui a
volés effectivement, cette Scène, dis-je, eft plus
plaifante que tous vos intermédes. Pour ce qui
eft de l'Opéra Comique, je n'aime pas plus les
ordures que vous, & l'on ne fçauroit m'en ac-
cufer; mais la licence n'y régne pas toujours,
& je prétends que le moindre Vaudeville pris au
hazard dans la chercheufe d'efprit, le Cocq du
Village, ou les Amours Grivois, contient plus
de fel & de fineffe, que ces mêmes Intermédes
arrangés & châtiés, tels que vous nous les repré-
fentez ; mais vous ne vous êtes pas apperçu que
vous donniez dans une inconféquence finguliére.
Vous voulez nous dégoûter de la Comédie Italienne & de l'Opéra Comique, pour mettre à
leur place un autre Spectacle qui n'eft qu'extra-
vagant : Je fçai bien que vous abandonnez la
partie de l'Action, que vous ne vous en tenez

qu'à la Musique, cette Musique Céleste, mer-
veilleuse. Hé bien que n'établissez-vous un Con-
cert purement Italien, sans venir souiller notre
Scène d'un Batelage ridicule.

Ignorez-vous que c'est ici le Pays des Graces ;
Paris est leur Temple ; vous les en voulez chasser ces Nymphes charmantes qui font nos délices
& notre gloire, pour nous donner au lieu d'elles
des Harpies épouventables ; mettez donc un
Ecriteau à la Porte de l'Opéra avec ces mots :

*Défenses font faites aux Femmes groffes d'entrer
Céans, fous peine de faire des Monftres qui auront la
bouche jufqu'aux Oreilles & les yeux au haut du
Front.*

Notre Nation est susceptible de toutes les im-
pressions qu'on voudra lui faire prendre à la faveur de la nouveauté, & si vos Bouffons avoient
réussi malheureusement comme ils ont échoué,
je ne doute pas qu'au premier jour nous n'eussions
vu Manelli & ses Camarades montrer en Ville
l'Art des grimaces.

Vous aviez poussé plus loin encore l'ambition
de vos projets, *Race audacieufe & fuperbe !* Vous
vous flattiez déja de voir un grand Opéra Italien au lieu du nôtre ! Et qu'en résulteroit-il ?
Que vous détruiriez l'Opéra François sans donner plus de lustre ni plus de stabilité à l'Opéra
Italien. Comment, vous ne voyez pas, *Meffieurs
les Gens lumineux*, vous qui voyez tant de cho-
ses, qu'on se lasseroit bientôt de courir à un Spectacle, dont on n'entendroit, ni les paroles, ni
l'Action par conséquent. Il arriveroit précisément
ce qui est arrivé au sujet de la Comédie Italienne :

ſie : on y alloit d'abord avec fureur , & l'on s'en
étoit dégoûté tellement enſuite , que ſi les Co-
médiens n'avoient pas pris le parti de rendre
leurs Piéces preſqu'entiérement Françoiſes , ils
ſeroient morts de faim , & vous n'ignorez pas
combien , malgré cette précaution , ils ont peu
de monde les jours où ils ne donnent qu'une Piéce Italienne.

On va m'objecter , ſans doute encore l'excel-
lence de la Muſique , & je réponds que les trois
quarts & demi des Spectateurs , pour ne pas dire
un plus grand nombre , préférent un de nos Airs
gracieux qu'on retient dès la premiere fois , à
tout le tintamarre d'une profonde harmonie qu'on
ne commence à goûter (à ce que diſent ces Meſ-
ſieurs) qu'à la douze ou quinziéme Repréſentation. Comment, il faudra qu'il m'en coûte dix écus
pour parvenir à chanter faux un air barroque.
Ah , mon cher Ecolier , votre Muſique eſt trop
chére.

Le vrai beau ſaiſit d'abord , ravit , enchante ,
le Roi comme le Berger. Un Artiſte habile & in-
telligent travaille pour tout le monde ; il trouve
le moyen de ſatisfaire à la fois & les oreilles ſça-
vantes & les oreilles vulgaires , il tâche de ſuivre
la Nature , & la Nature n'eſt point ſi bruyante , à
moins qu'elle ne tonne ; c'eſt elle qui a montré
à une Bergére dans la Prairie , & à une Bouque-
tiére aux Porcherons à ſuivre de meſure un Me-
nuet ou bien une Contredanſe ; elle donne auſſi
à quelqu'un qui a tant ſoit peu l'oreille organi-
ſée , la faculté de faire ſur le champ une Baſſe à
un Air qu'il entend par la rencontre de la tierce

& de la quinte qui forment l'accord parfait, ce qui prouve que la Musique est presque innée chez nous ; c'est par la même cause que de tous les sons, celui de la voix est le plus agréable ; que celui de la flute, parce qu'il est produit par le souffle humain, tient le second rang, & que les Instrumens à corde qui sont faits de boyaux d'Animaux, ne viennent qu'ensuite, toujours relativement à nos sens & à la Nature : Cette bonne mere nous enseigne à chanter, & non point à nous promener en zigue zague sur une Voyelle pendant un quart-d'heure inutilement.

Il me souvient encore que votre Prophête s'égaye assez hors de propos, sur une certaine corde qu'on voit quelquefois au fond du Théatre, elle sert, je m'imagine à conduire les contrepoids & à les soutenir en équilibre ; mais il a bonne grace de nous badiner là-dessus, ce Sorcier qui nous prédit tant de malheurs, il ne se rappelle donc plus que dans les Opéra d'Italie, on voit une moitié de Palais attendre l'autre pendant un quart d'heure, & les Ouvriers aller & venir sur le Théatre & pousser les Décorations à force de bras. Il me reste à parler de la mesure, c'est un reproche assez légitime ; mais nous n'avons pas toujours des Bucherons à la tête de nos Orquestres, & j'ai vu des Musiciens qui faisoient exécuter sans tout ce bachanal.

Quoiqu'il en soit, Messieurs les Allemands & Messieurs les Suisses, vous ne parviendrez point à nous dépouiller de notre Musique vocale, *que nous aimons parce que c'est la nôtre*, & qu'une autre Musique ne feroit que grimacer sur nos paroles ;

nous avons adopté déja la Musique instrumentale des Italiens, & nous n'en jouons presque pas d'autres lorsqu'il s'agit ou d'un Concerto ou d'une Sonate; ainsi ce n'est point entiérement de notre part. Hélas nous fussions-nous attendu jamais à des leçons de goût d'un Prophête Bohémien? Nous nous garderons bien de les adopter. Il y auroit trop à craindre pour nous, que ce goût ne ressemblât à l'argent & aux Bijoux d'Allemagne. Le Pays du goût est un Pays entiérement Libre, où chacun donne la Loi & la reçoit. Personne n'y commande despotiquement que la Raison. Les Rois même s'y dépouillent de leurs droits, témoin cette sage réflexion de Louis XIV. sur un jugement qu'il avoit porté; on lui dit que Boileau étoit d'un avis contraire. Il reprit alors modestement: *Il se peut bien que je me trompe: car il s'y connoît mieux que moi.*

En effet qu'importe au Gouvernement que je mette Rome sauvée au dessus de Cinna? Cela prouve tout au plus que je suis un esprit de travers, mais voilà tout; rien n'en souffre. Que des gens titrés donnent des Ouvrages d'esprit, je loue leur zéle, leurs vertus guerrieres, s'ils en ont, mais je trouve leurs Ouvrages mauvais, s'ils sont mauvais; je les considére comme Barons, Comtes ou Marquis, & je les siffle comme Auteurs. Cela ne blesse ni l'Etat, ni les Mœurs, ni la Religion. Dès qu'ils mettent le pied sur le Parnasse, nous sommes égaux; & je deviens leur juge comme ils seroient les miens en pareil cas. La Cabale ne sçauroit prévaloir que pour un tems très-court; & il n'est pas possible qu'on adopte des nouveautés extravagantes dans un Pays où l'on a continuellement sous les yeux tant de Chef-d'œuvres de tous les genres qui servent de Piéces de comparaison.

Quelque longue que soit déja cette réponse à vos prophéties, mon cher Ecolier, je ne sçaurois la finir sans faire une espéce de réparation à votre grand homme. Je suis au désespoir d'avoir eu occasion d'en dire un peu de mal. Personne ne rend plus de justice que moi à la supériorité de son talent ; mais je crois que pour notre malheur, il s'est avisé un peu trop tard de mettre des paroles en Musique, car il pourroit s'appliquer ce vers de la Métromanie :

Et j'avois cinquante ans quand cela m'arriva.

Et vous sçavez, du moins vous pouvez l'avoir oui dire à vos Philosophes du coin de la Reine, que les productions de l'esprit se ressentent toujours un peu de la décadence de l'âge.

Je suis avec une considération infinie, en attendant de vos nouvelles,

Mon cher petit Ecolier ;

Votre fidéle Ami ;

LE CORRECTEUR DES BOUFFONS.

A Paris, le jour de la premiere Représentation de TITON & l'AURORE.